AF361123

CINQ SEMAINES

EN

TUNISIE

E. BARRILLON

CINQ SEMAINES

EN

TUNISIE

ILLUSTRÉ

D'après des photographies de l'auteur,
gravées par BERG et CHEVALIER

GRENOBLE

JOSEPH BARATIER, IMPRIMEUR-ÉDITEUR

Avenue Alsace-Lorraine, 21

CINQ SEMAINES EN TUNISIE

I

De Marseille à Tunis

21 août 1863.

MALGRÉ tous les sages conseils de voyageurs bien avisés et plus experts que moi, qui prétendaient avec raison que j'avais tort de me préparer à faire un voyage en Tunisie en plein été. Je m'embarquai à Marseille, le 21 août 1893, à cinq heures du soir, sur le paquebot « *La Ville d'Oran* » de la Compagnie générale transatlantique, à destination directe pour Tunis.

Jusqu'au coucher du soleil, nous eûmes à souffrir un peu du tangage et du roulis, puis la mer devint absolument calme ; nous glissions sur une véritable mer d'huile, et sans le sillage du bateau, on aurait pu croire aisément que nous restions immobiles.

Cependant, le lendemain dans l'après-midi, nous arrivions près des côtes de la Sardaigne, et le golfe d'Oristano nous apparut assez distinctement pendant un instant.

Après une traversée rapide de trente-six heures, la côte africaine se dessine devant nous, comme un long ruban grisâtre qui sépare la mer et le ciel.

Bientôt nous doublons le cap Sidi bou-Saïd et son village, où déjà s'agite toute une fourmilière de taches blanches : ce sont des Arabes couverts de leur burnous.

Ce n'est pas sans un certain battement de cœur, qu'accoudé sur le bastingage, je fouille du regard cette Tunisie que j'étais si désireux de voir.

Nous passons devant les restes de l'antique Carthage, dominés par la chapelle et le collège de Saint-Louis, et par la Cathédrale, puis nous stoppons en vue de la Goulette (l'oppidum Ligulæ des Romains), pour entrer prudemment dans le nouveau chenal qui relie depuis peu de temps la Goulette à Tunis, en traversant le lac El-Bahira (petite mer).

Avant l'achèvement de ce canal, on devait débarquer à la Goulette, et se rendre à Tunis, par le chemin de fer de la Compagnie italienne Rubattino. Ce grand travail, dû à l'initiative et aux capitaux français, a placé la ville de Tunis dan-

une situation incomparable, tant au point
de vue politique qu'au point de vue commercial, en la dotant d'un véritable port,
où notre grand transatlantique entre ma-
jestueusement.

Le paquebot n'est pas encore complètement amarré, que déjà une foule de
hamels (1) arabes, maltais, siciliens, tous
en loques et pieds nus, se précipitent sur
le pont, et nous arrachent des mains nos
colis et nos bagages.

C'est un tohu-bohu à effrayer les plus
courageux. Il faut se défendre à coups de
pied et à coups de poing, et engager avec
ces envahisseurs une véritable lutte dont
on ne sort pas toujours vainqueur.

L'aspect général de Tunis est saisissant,
grandiose même.

(1) Portefaix.

Ce qui frappe tout d'abord, c'est de voir cette belle ville orientale qui s'étend en amphithéâtre sur une vaste colline dénudée, ressemblant absolument, comme disent les Arabes, dans leur langage imagé, à un burnous étendu.

Toutes les maisons, de forme cubique, sont blanches comme la neige. Des minarets élancés et des coupoles aux formes gracieuses émergent de tous côtés. Enfin, dans le lointain les derniers contreforts du petit Atlas encadrent de leurs masses sombres les premiers plans de ce tableau ensoleillé.

Tunis, la fleur de l'Afrique, Tunis la blanche, peut être divisée en deux parties bien distinctes : la ville haute et la ville basse.

La ville haute qui est au point de vue pittoresque la plus intéressante, comprend toute l'ancienne cité musulmane où s'entassent pêle-mêle les maisons arabes, enchevêtrées les unes dans les autres, et souvent si rapprochées que leurs terrasses paraissent se toucher.

Les ruelles sont mal pavées, très étroites et tortueuses. Parfois même des amas d'immondices arrêtent l'écoulement des eaux et forment des cloaques. Il y a peu de temps encore ces ruelles n'avaient pas de nom, et le visiteur s'égarait facilement dans leur dédale.

C'est dans ce quartier que se trouvent les souks ou marchés, les bazars. Les souks sont formés par de longues et larges ruelles voûtées en maçonnerie, avec des jours rectangulaires ou prises d'air. Cette disposition empêche les rayons du soleil de pénétrer et entretient une fraîcheur constante.

Chaque corporation ou corps de métier a son centre, sa ruelle qui lui est spécialement affectée. Ici, ce sont les selliers, les bottiers, les armuriers; là, les bijoutiers, les marchands de parfums, les marchands de tapis aux dessins multicolores. Tous

sont en général accroupis sur des nattes,
dans une posture qui rappelle celle de nos
tailleurs français. Tout en fumant, plongés
dans leur rêverie, des cigarettes parfu-
mées, ils ont le talent d'attirer fort adroi-
tement le visiteur dans leur boutique, en
l'invitant avec une politesse insinuante à
prendre avec eux la tasse de *kahoua* tradi-
tionnelle. Mais malheur à la bourse de
l'étranger trop confiant qui aura accepté
cette gracieuse hospitalité de quelques
instants. Le marchand arabe, souvent plus
roué qu'un juif, ne le laissera pas partir,
sans lui avoir vendu quelque bibelot au
triple de sa valeur.

J'errais un matin, dans la partie des
souks où se fait la vente à l'encan par les
dellali ou marchands à la criée. C'était un
mouvement, une cohue, une excitation
générale dont on ne saurait donner une
idée. On n'entendait que les cris inintelli-
gibles des acheteurs qui se bousculaient,
se montaient les uns sur les autres pour

surenchérir. Grâce à de vigoureuses pous-
sées, je réussis à me frayer un passage et à
m'échapper de cette foule en furie.

La prononciation de la langue arabe est
si gutturale, que lorsqu'on entend une
simple conversation, on croirait assister
parfois à une violente discussion.

C'est encore dans le quartier arabe,
appelé aussi Medina (quartier du centre)
que se trouvent les riches habitations des
commerçants arabes et des notables tunisiens, le palais du Bey et les principales
mosquées. Quelques-unes seraient très-
intéressantes à visiter, mais il est expres-
sément interdit aux Européens d'y pénétrer. C'est à peine si on peut stationner
quelques instants devant les portes où
s'alignent bâillantes toutes les babouches
des Musulmans qui ne doivent entrer dans
la maison d'Allah que pieds nus.

La plus ancienne et la plus belle est la
mosquée de l'Olivier, « Djama-ez-Zitou-
na », où se trouvent cent cinquante colon-

nes de marbre provenant des ruines de Carthage. C'est dans cette mosquée que le Bey vient faire ses prières, à l'époque du Rhamadan (carême musulman).

Sur la place de la Kasbah s'élève le palais du Bey « Dar-el-Bey » fort pittoresque à l'extérieur par son style mauresque et sa façade vernie fouillée d'arabesques, mais qui n'offre aucune curiosité à l'intérieur.

A l'extrémité de la place, nous pénétrons dans la kasbah, ancienne forteresse espagnole, dont les murs d'enceinte tombent en ruines et qui sert actuellement de caserne aux troupes françaises. Grâce à l'amabilité de M. Bordy, adjoint du Génie, nous montons au poste optique, véritable belvédère, d'où l'on domine Tunis et ses faubourgs « Bab-Souïka » et « Bab-ed-Djezira », la vallée de Meliana, le lac El-Bahira d'un bleu intense, la Goulette et son golfe, le lac Sebka es Sedjoumi ou plutôt son emplacement (étant desséché pendant une partie de l'été), le palais du Bardo, la Manouba et l'aqueduc d'Adrien, enfin dans le fond le djebel (1) Ahmas qui déchire le ciel transparent.

La ville basse comprend, à l'exclusion du faubourg Es Souïka habité par les juifs, toute la ville moderne, je dirai même française, avec ses rues spacieuses et aérées se coupant à angles droits, ses larges boulevards plantés d'arbres et bordés de hautes maisons, d'hôtels, de grands cafés et de riches magasins, ses tramways et ses fiacres. Elle a pris un développement très rapide, débordant jusqu'au lac El-Bahira. Dans ces nouvelles rues, je citerai comme monument méritant une visite, le Fondouck-er-R'alla (2) que nous devons à un Français, M. Grand, ancien directeur général des travaux publics. Sur ce marché,

1) Montagne.

2) Fondouck, marché pour les légumes et les céréales ou encore hangars servant à remiser les bêtes de somme, les chevaux.

le plus curieux et le plus important de la
ville, s'entassent des monceaux de pasté-
ques, de bananes, de figues, de fruits
variés, de légumes et de poissons: puis
sur l'avenue de la Marine, se faisant face,
la Cathédrale bâtie par le cardinal de Lavigerie et la Résidence de France, entourée
de plantes exotiques d'une très belle
venue.

La nouvelle ville est reliée à l'ancienne
par la porte de France ou Bab-el-Bahar:
c'est là que se trouve réellement le centre
du mouvement de la population si cosmo-
polite de Tunis.

Rien de plus curieux que cette véritable
fourmilière humaine aux costumes les
plus variés. Musulmans, Juifs, Français,
Italiens, Siciliens, Maltais et Grecs se
coudoient et gesticulent dans un brouhaha
indescriptible.

Devant les cafés, de petits Arabes cou-
rent en loques, pieds nus, une calotte
rouge sur la tête et une petite caisse en

bandoulière, criant : « Cirer toi, Monssi,
glace Paris », ou bien encore « la dépêche
tounisienne »; des marchands ambulants
passent et repassent sans cesse, la tête et
les bras chargés de couvertures, de tapis,
de burnous, d'éventails, de pipes en terre
rouge et de bien d'autres articles soi-disant
orientaux, mais fabriqués à Paris ou à
Marseille, et dont ils demandent le quin-
tuple du prix auquel ils les laissent après
marchandage.

Ici, en plein vent, ce sont des changeurs
juifs avec leur boutique portative, et des
piles de monnaie; là, des notaires arabes
accroupis sur des nattes ou assis sur leurs
talons, qui donnent leurs consultations
dans une sorte de boutique n'ayant pour
toute ouverture qu'une large baie à un
mètre environ au-dessus du sol.

Sur les trottoirs, c'est un va-et-vient
continuel de Musulmanes, la tête hermé-
tiquement voilée d'un foulard qui la sous-
trait à tous les yeux, le corps drapé dans

une vaste pièce d'étoffe en laine blanche
« haïck ». les chevilles cerclées de brace-
lets « m'kaïs »; de matrones juives d'une

obésité répugnante. coiffées d'un bonnet
pointu fort gracieux, vêtues d'une sorte
de veste « djabadoli ». richement brodée

et d'un caleçon blanc, très collant, « ser-roual », frisant l'indécence ; enfin de jolies Françaises et Italiennes mises à l'avant-dernière mode parisienne.

Sur la chaussée, c'est un défilé bruyant de tramways et de voitures à l'européenne, mêlés de chameaux, de *bourriquots* et d'arabas (sorte de charrette légère).

Des âniers, toujours pressés, se faufilent au galop au milieu des encombrements et renversent parfois le piéton distrait qui ne s'est pas rangé assez rapidement aux cris répétés de *bâlak, bâlak* (attention).

Tout ce mouvement auquel j'étais loin de m'attendre m'a laissé une impression étrange qui restera longtemps gravée dans ma mémoire.

La Régence est limitée au nord et à
l'est par la Méditerranée, au sud par le
pays des Touaregs et le Sahara, et à l'ouest
par l'Algérie; sa superficie représente
environ celle de vingt-cinq de nos dépar-
tements.

Comme l'Algérie, elle peut se diviser
en quatre zones bien distinctes : le Sahel,
le Tell, les Steppes et le Sahara.

Le Sahel est la région labourable qui
borde les côtes sur une profondeur
moyenne de 20 kilomètres; elle est de
préférence habitée par les colons qui y
cultivent avec succès les céréales, la vigne
et les oliviers.

Le Tell est la région des montagnes
avec de fertiles vallées.

Les Steppes, tenant le milieu entre le Tell et le Sahara, sont de grands plateaux qui, pendant la saison des pluies, servent de pâturages à de nombreux troupeaux.

Le Sahara que les Tunisiens appellent le pays de la palme, Belad-el-Djerid, n'est pas absolument le désert, comme on le croit généralement. Les oasis y sont nombreuses, et en hiver le sol se couvre de prairies.

La Tunisie est une des plus saines de nos colonies; les saisons peuvent s'y diviser en trois périodes : la saison des pluies, d'octobre à mars; le printemps, de mars à juin; l'été, de juin à octobre. Quoi qu'en disent certains auteurs, les chaleurs, même pendant la canicule, sont supportables. Quelquefois, cependant, sous l'influence du siroco, le thermomètre monte au-dessus de quarante-cinq degrés, mais c'est de courte durée. En revanche, les nuits sont excessivement fraîches et les rosées abondantes.

Malgré le voisinage du lac El-Bahira.

vaseux, sans profondeur, véritable réser-

voir de tous les immondices de la ville.
Tunis, grâce à la brise de mer, jouit d'un
climat très sain. Les eaux des égouts qui
ont si longtemps empoisonné l'air, sont
maintenant portées au loin, au moyen des
canaux construits sous l'habile direction
de M. Jannin, ingénieur français.

La Tunisie est soumise au protectorat
de la France depuis le traité du Bardo,
signé le 12 mai 1881, avec le Bey
Mohammed es-Sadok. Décédé en 1882, il
fut remplacé sur le trône par son frère
Ali-Bey, homme intelligent et instruit,
qui a parfaitement compris son rôle, et a
contribué pour une large part au prompt
relèvement de son pays, en secondant les
efforts tentés par le Gouvernement français.

Le chiffre de la population a été diver-
sement évalué, cependant on s'accorde généralement à compter 1 800.000 habitants.

A Tunis, il y a environ 160.000 habitants, dont 80.000 Musulmans, 50.000 Juifs
et 30.000 Européens.

Les indigènes sont d'un caractère doux
et paresseux mais fanatique. Ils sympa-
thisent particulièrement avec les Français,
et on conçoit d'autant plus aisément cette
amitié, que nous avons soumis le pays à
notre protectorat, sans combats sérieux.
La guerre franco-tunisienne, déclarée le
22 avril 1881 et terminée un mois après,
n'a été, si je puis m'exprimer ainsi, qu'une
parade militaire.

Parmi les Musulmans de cette région,
il y a lieu de distinguer : les Maures qui
sont les citadins, mélange d'Arabes, Turcs
et Berbères ; les Arabes berbères vivant
dans les douars (villages de tentes) ; les
Kabyles et les Nègres habitant les gourbis.

Les riches Musulmans qui sont *chérifs*,
c'est-à-dire descendants du Prophète, portent le turban vert, les autres portent le
turban blanc, des vêtements de soie, et
chaussent des « *boléras* », sorte de babouches en cuir orange.

Le *meskin* (pauvre) n'a pour tout vêtement qu'une simple chemise de toile grise, une culotte courte qui s'arrête aux genoux, laissant voir des jambes nues d'un jaune sale. Il enroule quelquefois sa taille d'une longue ceinture de flanelle dans laquelle se cache un poignard. Comme le sage, il se contente de peu, et vit heureux avec quatre caroubes de pain et deux caroubes d'huile ou de figues (la caroube vaut environ quatre centimes). L'hiver, il couche dans les fondouks ; l'été, sous les arcades ou sur les trottoirs des rues. Enseveli dans son burnous, on croirait, la nuit, un paquet de laine grise.

Le Musulman a toujours la tête rasée, à l'exception d'une sorte de toupet sur le sommet qui permettra à Mahomet de le saisir pour l'emporter au paradis.

Les Juifs, divisés en *tounsi* et en *grana*, ne portent pas le turban, mais une calotte rouge.

Les Musulmans se divisent en deux

grands partis politiques : les *Hassinia* et

les *Bachia*, que l'on pourrait comparer

chez nous aux partis républicain et légiti-
miste, et en un grand nombre de sectes,
dont voici les principales :

Les *Rahmania*, secte de *Sidi Abder-
rahman* ;

Les *Aïssaouia*, secte de *Sidi ben Aïssa* ;

Les *Sellamia*, secte de *Sidi Abdesselem* ;

Les *Quadria*, secte de *Sidi Abdelkader
et Djilali* ;

Les *Tidjania*, secte de *Sidi Tidjani*.

Les Tunisiens se nourrissent de légumes, de fruits, de kous-kous, de poissons
et de viande

Les légumes sont les mêmes que ceux
que nous récoltons en France.

Les fruits, tous de bonne qualité, sont
les oranges, les citrons, les bananes, les

pastèques ou melons d'eau, les raisins, les abricots, les amandes, les figues et les dattes.

Le *kouskous*, mets national, est une sorte de plat fait avec de la semoule pétrie dans de l'eau; puis la pâte étant sèche, on l'assaisonne avec du poivre, du piment rouge et des oignons.

Les poissons abondent, et proviennent en grande partie des pêcheries du lac de Bizerte.

Comme viande, on a le mouton à grosse queue, le bœuf petit et souvent maigre, dont la chair est de qualité inférieure, la chèvre assez rare et beaucoup de volailles et de gibier.

Quant aux porcs, le Musulman les a comme le vin en horreur, et on ne les rencontre que dans les fermes de colons français.

II

Le Bardo — L'Ariana

2ᵉ journée.

ON peut prendre le chemin de fer pour aller de Tunis au Bardo, mais nous préférons nous y rendre à cheval : ce mode agréable de transport nous permettra du reste de revenir par l'Ariana.

Quand on a suivi pendant deux kilomètres la belle route plantée d'arbres qui sort de la porte *Bab-el-Khadra*, on a devant soi le palais du Bardo. C'est un amas de vastes bâtiments sans architecture bien définie, entourés d'un large fossé et d'un mur d'enceinte lézardé, flanqué de tours et de bastions.

L'impression première est peu favorable, mais l'intérieur réserve quelques surprises au visiteur. Nous pûmes heureusement y pénétrer, car à cette époque de l'année le Bey réside à la Marsa. Après avoir traversé la grande cour des Lions, on pénètre dans le palais par un escalier magnifique, orné de lions en marbre blanc de grandeur nature et d'un effet saisissant. Une arcade en fer à cheval donne accès dans un large vestibule encombré de statues, d'inscriptions, de bas-reliefs, de mosaïques, de stèles, de tronçons de colonnes et d'objets divers provenant des fouilles exécutées depuis quelques années

sur l'emplacement de l'ancienne Carthage.
Faisant suite, une immense salle pavée de

mosaïques, entourée d'une galerie soute-
nue par des colonnes de marbre; au centre

se creuse une sorte de bassin d'un style oriental.

Je ne puis citer toutes les salles du palais dont la plupart sont fermées au visiteur. Parmi les plus belles, il faut signaler : la salle où le Bey rend la justice ; le salon du baise-main ; la salle du Conseil où se trouvent les portraits des sultans de Turquie ; le salon d'apparat qui est le plus beau de tous, avec sa galerie de portraits des beys de Tunis et de plusieurs souverains de l'Europe. De beaux meubles de différents styles, cadeaux des cours étrangères, garnissent cette salle.

Nous pénétrons enfin dans le harem. Les vitraux peints et le treillis serré des fenêtres n'y laissent filtrer qu'un demi-jour mystérieux ; de gracieuses arabesques décorent le plafond ; de chaque côté du salon principal est placé un lit fort large garni de broderies de soie ; au centre, de moelleux tapis, des canapés recouverts de soieries aux couleurs vives, des divans bas

et des coussins multicolores complètent
l'ameublement. Les appartements du harem ont contenu, dit-on. jusqu'à neuf
cents femmes.

C'est dans ce palais. destiné à devenir un
musée. et qui contient déjà tant d'antiquités intéressantes. que se trouve la magnifique mosaïque « le cortège de Neptune »,
découverte à Sousse par le 4ᵐᵉ régiment
de tirailleurs. et ne mesurant pas moins
de 140 mètres carrés. Près du Bardo. le
palais *Ksar-Saïd*. résidence préférée du
Bey. étale ses terrasses orientales au milieu
de jardins et de villas appartenant aux
riches musulmans de Tunis.

Malgré l'animation qui règne dans cette
banlieue tunisienne. j'éprouve pour la
première fois une sensation d'isolement
complet. Il m'était impossible de faire
comprendre un mot de français aux indigènes qui m'entouraient. Il fallut donc me
résoudre jusqu'à nouvel ordre à parler par
signes.

En sortant du Bardo, nous nous dirigeons à droite vers la colline où se trouve le Belvéder. De là on jouit d'une vue ravissante sur le lac El-Bahira et Tunis la sainte que le boulevard de Paris reliera bientôt au Belvéder, en traversant le magnifique parc appelé à devenir le bois de Boulogne de la ville. Non loin se trouvera le Jardin d'essai, vaste pépinière pour la production de tous les végétaux indigènes et exotiques, et qui d'après les projets n'aura rien à envier à celui d'Alger.

Quelques pas encore et voici le coteau de l'Ariana, couvert d'une végétation luxuriante.

De nombreuses maisons de campagne mauresques et modernes scintillent à travers les palmiers, les orangers, les citronniers et les cactus qui poussent comme par enchantement. Des parterres de fleurs parfument l'air de leurs senteurs enivrantes. C'est un petit paradis terrestre. L'Ariana, comme la Goulette, la Marsa et

Sidi bou Saïd, est surtout fréquenté par les citadins de Tunis qui y viennent en villégiature.

III

La Marsa — Carthage — La Goulette

25 août.

Par le chemin de fer de la Compagnie italienne Rubattino, nous allons de Tunis à la Marsa, en quelques minutes; l'on ne saurait imaginer un plus charmant parcours. Nous n'avons que des éloges à adresser à cette compagnie pour le genre de voitures qu'elle a adoptées. Les wagons en effet, plus ingénieusement construits que ceux des chemins de fer français, ont une galerie circulaire qui est fort agréable.

À certaines heures de la journée, ces trains de la banlieue de Tunis rappellent notre chemin de fer de ceinture de Paris. Les wagons sont bondés de monde et blanchis de burnous. C'est toute la classe aisée des Arabes, Juifs et Européens qui se rend à la campagne ou aux bains de mer de la Goulette.

La locomotive s'essouffle à gravir la colline de *Kamart* : nous sommes à la Marsa, où nous abandonnons la voie ferrée, qui du reste ne va pas au delà.

Ainsi que l'Ariana, la Marsa nous apparaît comme un séjour enchanteur: le Bey en a fait sa résidence d'été et y possède plusieurs hectares de vignes. Les rues très propres, par exception, sont bordées de jardins verdoyants où un bon nombre de Tunisiens ont établi leurs villas.

Une vieille construction sarrasine assez

curieuse est le palais du bey Abdelha, mais on ne peut y pénétrer.

Près de la Marsa, à la Camilla, notre ministre français a aussi sa villa. Cette demeure est entourée de jardins magnifiques fort bien entretenus : palmiers, orangers, citronniers, sycomores et bananiers y poussent avec vigueur en pleine terre.

Mais quel changement à vue en revenant vers Carthage !

Les coteaux riants de la Marsa se transforment bientôt en coteaux arides. Sur la colline de Carthage s'élève la chapelle de Saint-Louis, bâtie depuis cinquante-trois ans, sur la place même où mourut, dit-on, le saint roi, le 25 août 1270. Le terrain a été gratuitement concédé à la France par le bey *Ahmed*.

Non loin de là le collège de Saint-Louis et la cathédrale de Carthage, magnifique construction toute en pierre et marbre blanc achevée en 1890. C'est dans cette église que repose le cardinal de Lavigerie ; une simple dalle de marbre recouvre les restes de cet illustre prélat qui a si large-

ment contribué à assurer notre influence
et à répandre les bienfaits de notre civili-
sation dans la Régence. Son épitaphe la
plus éloquente est le souvenir qu'il laisse
parmi la population tunisienne.

Derrière la cathédrale, la cour et les
bâtiments du séminaire méritent une
visite. On y a rassemblé depuis quelques
années toute une collection d'antiquités
intéressantes provenant de découvertes
faites par MM. Reinach, Babelon et quelques autres archéologues distingués, dans
les fouilles des ruines romaines de la
Tunisie et principalement de Carthage et
d'Utique. Il convient de citer aussi le P.
Delattre, fouilleur infatigable, dont les
trouvailles enrichissent chaque jour le
musée.

En descendant la colline sur laquelle
s'étendait l'antique Carthage, nous sommes vivement impressionnés par tous les
souvenirs qu'évoquent en nous les quelques vestiges de temples, de théâtres ou

de cirques qui subsistent encore sous les lichens et les bruyères. Pas un arbre ne se profile sur ce paysage désert et lamentable. Rien, plus rien, c'est la désolation complète. Les Arabes emportent depuis des siècles toutes les pierres et les colonnes pour la construction de leurs maisons et de leurs mosquées. On se souvient alors avec effroi du « *delenda Carthago* » de Caton. C'est donc là que s'est élevée la grande Carthage, la capitale punique, dont la puissance a fait pâlir un moment Rome elle-même.

Nous voici maintenant sur l'emplacement des réservoirs immenses où venait aboutir le grand aqueduc de l'empereur Adrien, qui amenait à Carthage les eaux limpides du Zaghouan et du Djougar. Aujourd'hui ces citernes servent d'abri aux troupeaux pendant la nuit. Du gigantesque aqueduc, il ne reste presque plus trace, en cet endroit. Plus loin, des centaines de piliers bien conservés s'allongeant sur l'horizon, entre Sidi Daoud et l'Ariana.

attestent la hauteur prodigieuse des arcades et la grandeur de la construction romaine.

En longeant la côte, nous cherchons vainement quelques vestiges nous rappelant les fameux ports carthaginois d'où Annibal partit avec une flotte puissante pour conquérir les campagnes romaines. Ces ports n'existent plus, ils sont presque totalement ensablés.

Près de là, existent encore dans un état de conservation parfaite, dix-huit citernes d'une profondeur de dix mètres environ et occupant au moins six cents mètres de longueur.

Devant nous s'étendent de belles plantations de vignes qui remontent à neuf ans, et dont la superficie représente au moins quatre-vingts hectares.

Des silhouettes brillantes de villas animent quelques bosquets et de frais jardins, c'est la Goulette. La vue de cette petite ville arabe, coquette avec ses maisons aux blanches murailles, ses bastions déman-

telés, son port animé, est bien faite pour
nous remettre des impressions si tristes
que nous venons de ressentir.

Depuis quelques mois seulement, la
Goulette ne sert plus de port maritime à
la capitale de la Régence. Dès 1880, la
Société Bône-Guelma avait obtenu du
bey Mohamed-es-Sadok la concession du
port de Tunis, qu'elle céda ensuite à la
Société des Batignolles. En 1885, après de
longs pourparlers, notre résident général,
M. Cambon, fit accepter par Ali-Bey toutes les conditions exigées par le Gouvernement français, mais le projet ne fut défi-
nitivement voté que le 18 juillet 1888. Dès
ce moment, la Société des Batignolles se
mit à l'œuvre, et en quatre ans et demi,
grâce à son matériel perfectionné et à
l'habile direction de ses ingénieurs, creusa
à travers le lac El-Bahira, un chenal qui
ne mesure pas moins de onze kilomètres
de la rade de la Goulette aux quais de

Tunis. Voici enfin réalisé le rêve de « Tunis port de mer ».

Les bains de mer de la Goulette sont très fréquentés en été; c'est le rendez-vous de la bourgeoisie tunisienne qui vient y respirer la brise de mer. Vers le coucher du soleil l'établissement des bains offre à peu près l'aspect d'un casino de nos plages normandes. On ne saurait imaginer un spectacle plus moderne et plus attrayant.

IV

Sidi Fredj — Hammam-Lif — Soliman
Menzel-bou-Zelfa

septembre

A QUATRE heures du matin, nous quittons Tunis par la porte Bab-Eléoua, pour suivre la route conduisant à Hammam-Lif, une des rares routes de la Tunisie. Nous laissons, à droite, le plus grand cimetière de la ville, d'un effet saisissant, avec ses milliers de petites dalles en pierre ou en marbre qui, plantées dans le sol, nous apparaissent comme des fantômes fuyant à l'approche du jour.

A *Sidi Fethala*, où nous arrivons en même temps que le soleil, nous assistons à un spectacle vraiment étrange. Sur le rocher luisant, contre lequel est adossée la *Koubba* (1) du marabout *Sidi Fethalla*, des « moukers » (2) se laissent glisser les unes après les autres sur leur ventre à nu. Renseignements pris, on nous répond que le marabout qui fait des miracles, donne la fécondité aux femmes qui se soumettent à cette pratique. A part cette coutume très pittoresque, *Sidi Fethalla* n'offre aucun intérêt. C'est un tout petit village d'un aspect misérable, sans arbre, sans

---

(1) Sorte de cube à dôme, sans autre ouverture que la porte, où est enterré un marabout.

(2) Femmes.

verdure, sans végétation aucune. Il y a
lieu cependant de citer non loin de là, un
vignoble de trente-six hectares qui a été
planté récemment par un colon français.

A dix kilomètres de Tunis, l'oued [1]
Miliana profondément encaissé : cette
petite rivière que l'on pourrait facilement
traverser à cheval, à cette époque de l'année, se change à la saison des pluies en
un véritable torrent qui justifie le superbe
pont métallique qui le franchit

A droite et à gauche, des plaines immenses couvertes de petits arbustes, de
broussailles, de genêts et de lentisques.
Des pierrailles nous rappellent le souvenir
de l'ancienne colonie romaine. Devant
nous le *Djebel Bou Kournine* et le *Djebel
Resas* se dressent comme deux géants prêts
à nous barrer la route. Nous arrivons à
Hammam-Lif, en longeant à droite les
derniers coteaux qui descendent des mon-

[1] Rivière

tagnes, et à gauche un coin de mer d'un azur éclatant.

Hammam-Lif ou Hammam-el-Enf (bains du nez), petite bourgade fort gracieuse avec ses palais d'anciens ministres, est, dit-on, l'ancienne Maxula des Romains. Elle possède une source d'eaux sulfureuses très réputée contre les maladies de la peau, les rhumatismes et la goutte. La Société dite de l'Enfida, qui en est propriétaire, n'a pas encore construit d'établissement de bains. Un simple chalet en bois, élevé sur les thermes romains, abrite des ardeurs du soleil les rares baigneurs indigènes qui viennent y faire une cure. C'est dire qu'il y aurait beaucoup à faire pour donner quelque prospérité à cette ville d'eau naissante. Par contre, l'établissement des bains de mer est fort bien aménagé. Pendant que nous nous y rendons, un brave Dauphinois, le seul Français établi dans le village, donne un abri à nos montures et leur distri-

bue généreusement quelques poignées
d'orge.

Avant de quitter Hammam-Lif, nous
visitons, moyennant quelques caroubes
données à un des gardiens, le principal
palais, le Dar el Bey, encore en assez bon
état et dont l'ensemble rappelle un château-
fort espagnol.

Les environs ne paraissent pas très
fertiles, la vigne y pousse cependant avec
vigueur. Nous pouvons apercevoir près
du village un vignoble d'une trentaine
d'hectares.

Plus loin, la route que nous suivons
pour nous rendre à Soliman coupe en deux
parties et sur une longueur de près de trois
kilomètres, la propriété de M. Potin, le
commerçant parisien bien connu. Deux
chemins merveilleusement entretenus re-
lient la grande route au bordj Cedria qui
est le centre de tous les bâtiments d'exploitation. Ces vignobles qui s'étendent
de la mer jusqu'au pied du djebel Srara

couvrent une superficie de plus de cent hectares.

On laisse à droite la route de Grombalia, et nous nous dirigeons directement sur Soliman.

Soliman, la Megalopolis romaine, jadis très prospère, n'est plus aujourd'hui qu'une humble bourgade de deux mille habitants. On y remarque trois mosquées surmontées de minarets octogones. Les ruelles sont sales et impraticables, à l'exception de la grande rue formée par la route de Tunis, où se trouve la plus belle mosquée. Au pied de cet édifice s'étend la place principale où nous nous reposons quelques instants. Des marchands de légumes et de fruits y restent campés en plein soleil, paraissant insensibles à la chaleur. On ne voit dans tout ce village aucune maison européenne.

La route, ou plutôt la piste sablonneuse que nous suivons en quittant Soliman, est bordée de bois d'oliviers. C'est une région

inhabitée où les maraudeurs détroussent
quelquefois le voyageur, mais nous sommes en trop grand nombre pour redouter
une agression.

Il était déjà nuit quand nous arrivâmes
à Menzel-bou-Zalfa. Pas le moindre caravansérail dans ce petit village. Nous
pûmes toutefois, par l'intermédiaire d'un
de nos gais compagnons de route, parlant
l'arabe aussi bien que le français, M. Gré-
goire Agnese, agent de la Société Immobilière de Tunisie, obtenir l'hospitalité
chez un brave indigène. Après les présen-
tations d'usage, il nous invita sans façon
à partager son souper, repas frugal s'il en
fut, se composant d'eau, de pain et de
kouskous pimenté que nous mangeons à
pleines mains.

La fatigue m'avait enlevé tout appétit,
aussi ne tardais-je pas à quitter nos aimables commensaux pour aller m'étendre sur
une simple natte dans la chambre que
notre hôte avait mise gracieusement à

notre disposition. Je fus longtemps avant de m'endormir : j'avais des visions étranges dans cette sorte de caveau faiblement éclairé par une lampe fumeuse.

Le lendemain, à six heures du matin, je fus réveillé par des cris aigus et un bruit impossible à définir. Craignant une bagarre sanglante près de notre campement, je me levai en toute hâte pour me mettre en défense. Mais quel fut mon étonnement, lorsque je découvris la cause de ce tapage. C'était jour de marché. Rien ne peut donner une idée du tumulte et de l'animation de la place de cette petite bourgade. On y vend de tout. Ici des pastèques, des bananes, des légumes, du pain, de la viande, là des foulards, des burnous, des tabouches et bien d'autres accessoires de l'habillement. Les acheteurs débattent leurs prix, les marchands réclament le paiement de leurs ventes, les bergers jurent et se disputent au milieu de leurs bestiaux disséminés et les enfants criail-

lent par esprit d'imitation. Seuls, quelques vieillards à l'air farouche, accroupis sur le seuil de leur porte, dans une immobilité de statue de bronze, fument de longues pipes ou égrènent de gros chapelets avec une rapidité fébrile, paraissant indifférents à ce qui se passe autour d'eux. Nous voici devant la Maison de justice où le cheikh, drapé dans son *haïk*, juge les différends qui s'élèvent entre indigènes. C'est à grand peine que je réussis à grouper devant mon appareil photographique, le cheikh, les principaux notables du pays et quelques colons français. On sait, en effet, que le Coran défend aux Musulmans de représenter par le dessin ou la peinture, les hommes et les animaux.

Après avoir vivement remercié notre hôte et fait notre visite au cheikh, nous partîmes visiter la ferme Bagnol à Baddar. Aucune route ne sillonne ces plaines. La piste que nous suivons est fort pénible pour nos montures et parfois le sable est si mouvant que nos chevaux enfoncent jusqu'aux genoux.

Sous un soleil de feu, nous traversons lentement d'immenses bois d'oliviers, très anciens et rabougris. À chaque instant, nous étions obligés de nous pencher sur le cou de nos chevaux pour éviter les branches qui nous fouettaient la figure et menaçaient de nous aveugler.

Nous passons à gué l'oued ed Defla (ruisseau des lauriers-roses) d'autant plus facilement qu'il est presque à sec. Ses bords ombragés de lauriers-roses sont d'un effet charmant.

Le colon français qui habite depuis peu de temps la ferme de Baddar nous reçoit fort cordialement, et nous explique tous ses projets d'exploitation et les espérances qu'il fonde sur son entreprise. Tout y est encore à l'état de création: on cultivera principalement la vigne et le tabac. Cette propriété est entourée de bois d'oliviers presque à l'état sauvage. Çà et là, dans les parties humides, quelques vastes prairies très vertes malgré la sécheresse, où paissent en nombre chevaux et bestiaux.

Toujours dans les oliviers et sur un terrain mouvant, sans aucune route, nous gagnons l'Henchir (1) Mraïssa, domaine d'une étendue de 1000 hectares! Sa situation est parfaite au pied du djebel bou Korbeus qui l'abrite complètement des vents du Nord. Les essais de plantations de vignes y ont parfaitement réussi.

Toute cette région du littoral ou sahel est la plus fertile. Malheureusement aucune route n'existe encore dans ces vastes plaines qui s'étendent le long du littoral jusqu'au cap Bon; aussi les colons demandent-ils avec raison qu'on fasse le plus vite possible une route les reliant avec Menzel-bou-Zalfa et Soliman.

En nous rapprochant de la côte, à citer le marabout de Sidi er-Reis qui domine la

(1) Propriété, grande ferme.

mer. Puis Douela, tout petit hameau d'un aspect bien misérable : Hammam Gourbos avec ses sources d'eaux thermales sulfureuses réputées contre les maladies du sang et les rhumatismes, mais presque complètement délaissées, faute de communication avec Tunis. Plus loin, la zaouiya (1) Sidi Daoud-en-Nebi, au milieu de ruines que l'on présume être l'ancienne Missua, découpe sa silhouette gracieuse sur le ciel.

S'il faut en croire une singulière légende, le marabout Sidi Daoud qui a donné son nom à ce petit hameau, aurait demandé à être attaché, après sa mort, sur une chamelle, et à être enterré à l'endroit même où l'animal s'arrêterait. Sur cet emplacement sacré, on construisit la koubba, que nous voyions.

Plus loin encore, la zaouiya de Sidi

(1) Sorte de petite mosquée où les indigènes viennent faire leurs prières.

Abd-el-Kader, le village insignifiant d'El
Haouria et les souterrains immenses des
carrières de R'ar-el-Kebir, exploitées dès
la plus haute antiquité pour les constructions d'Utique et de Carthage.

V

PLAINE DE MOKNAR — LE DJELFI RHAS — TERRE
NABEL

7 septembre.

N'AYANT pu décider mes charmants compagnons de route à me suivre. je dus me résoudre à chevaucher seul pendant plusieurs jours.

Ma première journée fut consacrée tout

entière à parcourir l'immense plaine de
Mornak.

Cette région, l'une des plus belles et
des plus fertiles de la Régence, est arrosée
par l'oued Miliana et son affluent l'oued
el Hamma, et protégée contre le siroco
par les djebel bou Kournine, Braua, Resas
et Ouksebi qui l'encadrent sur trois côtés.

Des maisons à l'européenne et couvertes
en tuiles éparpillées çà et là, de grandes
plantations de vignes, des champs en
pleine culture évoquent le souvenir de
nos riantes campagnes françaises. Des
eucalyptus d'une belle venue bordent
agréablement les chemins d'exploitation
et quelques massifs rougeâtres de caroubiers et de grenadiers achèvent encore
d'égayer le paysage.

Déjà dans le Mornak, on ne compte pas
moins de dix propriétés couvrant plus de
sept cents hectares. Sans vouloir énumé-
rer tous les viticulteurs de cette région, je
désire citer plus particulièrement MM. Fer-

ras, Marchand, Mauré, Crété, Reclus et
Guignard, tous colons français.

Après avoir visité Crétéville qui est le
centre de l'exploitation des vignobles de
MM. Crété et C⁰, je me dirigeai vers la
propriété de M. Mauré, où l'on était en
pleines vendanges, et quelles vendanges!
Le contre-maître vigneron, M. Fauré, se
mit à ma disposition pour me faire visiter
les différentes parties de la ferme. Les
caves et les celliers me paraissent immenses, mais ils suffiront à peine, me dit-on,
car la récolte, cette année, dépasse toutes
les espérances.

Je passai la nuit dans cette ferme où
mon aimable vigneron voulut bien me
donner l'hospitalité.

J'en partis de grand matin pour Turki,
où je me proposais d'arriver à la tombée
de la nuit.

Bien qu'il n'y ait qu'une quarantaine
de kilomètres de parcours, cette étape fut
pour mon bon cheval une des plus fati-

gantes de tout le voyage. La route prati-
cable s'arrête au village Italien où est
installée une fonderie de plomb. Une
Compagnie italienne possède depuis quelques années la concession des mines de
plomb du djebel Resas, connues depuis
des siècles et que les Romains avaient
déjà exploitées. En passant dans l'Henchir-
Sidi-ben-Nour, on voit quelques ruines
mises à nu indiquant sans aucun doute
l'emplacement de l'ancien établissement
romain.

Après avoir traversé l'oued Kria et
l'oued Kabouti, et laissé à ma droite l'Hen
chir ed Douamis, je m'engage à travers la
brousse dans le défilé du djebel Kabouti.

Que de contrastes! Toutes les belles
végétations de la plaine ont disparu. On
cherche en vain, en se haussant sur ses
etriers, la moindre tache d'ombre où l'on
pourra se reposer. Sous ce soleil de feu
la terre semble une immense fournaise.
L'air vous brûle les mains et le visage et

la réverbération du sol incandescent vous
donne une sorte de vertige.

La descente presque verticale sur la

plaine s'effectue sans encombre, malgré
toutes les difficultés, et la zaouiya de Sidi
Abd Allah m'apparaît au milieu d'oliviers.

comme une oasis dans le désert. Quelques
bergers qui ramènent leurs troupeaux à
Turki, après m'avoir respectueusement
salué, m'offrent de me conduire à la
demeure du cheikh.

À mon arrivée, ce personnage me serre
la main, puis porte la sienne sur son cœur
et sur ses lèvres, selon la formule consacrée du salut arabe. Ce chef est un bel
échantillon de l'arabe citadin. Sa tête est
coiffée d'une calotte couronnée d'un turban, son visage d'un jaune pâle a le profil
régulier, sa barbe d'un noir de jais est
coupée en pointe, et ses vêtements soignés
indiquent son aisance. Fort bienveillant
pour moi, il m'offre de me recevoir dans
sa propre demeure. Je m'empresse d'accepter la « diffa » pour ne pas le vexer.
M'ayant introduit dans la première salle
de sa demeure, il donne aussitôt l'ordre
d'apporter un matelas et de me servir des
œufs, du kouskous et une gargoulette
d'eau.

Il fallut manger à l'arabe, sans table, sans fourchette et sans vin. Après ce modeste repas qui me parut délicieux, j'espérais pouvoir me reposer des fatigues de la journée, mais j'eus à subir, toute la soirée, les visites des parents et amis de mon hôte.

On fuma beaucoup mais on parla peu. Leur langage m'était incompréhensible. Très désireux de savoir si le pays était giboyeux, je dus esquisser sur un chiffon de papier un chasseur tirant un lièvre, ce qui provoqua une longue hilarité qui ne prit fin qu'à notre séparation.

Dès l'aube, en compagnie du cheikh monté sur une mule bizarrement caparaçonnée, nous partions visiter les ruines célèbres de Tebournouk, l'Oppidum Tubernicense des Romains et des Byzantins. Quelques indigènes nous accompagnèrent à pied jusqu'à l'oued Tebournouk.

De là, il faut parcourir sept kilomètres environ pour arriver à l'Henchir Tebournouk. Nous explorons cette vaste propriété où sont encore debout quelques ruines romaines. Pas la moindre trace du temps des chrétiens et de la fondation de leur évêché. Depuis longtemps pierres et matériaux ont été enlevés pour servir à la construction des villages voisins, et notamment de Turki. Si ce petit bourg n'a rien de pittoresque, j'emporte du moins un excellent souvenir de la réception de son cheikh.

De Turki, après avoir traversé l'oued Belli, qui n'a guère plus de trente centimètres de profondeur, lorsqu'il y a de l'eau, je vais directement à Nabeul par Belli.

La marche se prolongea pendant une journée entière sur un sol sablonneux et stérile qu'aucun colon n'a tenté jusqu'à présent de fertiliser. Çà et là quelques carcasses de moutons gisent près de la piste uniforme que je parcours en suant à grosses gouttes. Autour de moi le silence

semble infini comme les plaines que je traverse. Seuls des bois d'oliviers changent

par instants l'aspect monotone de ce terrain
dénudé.

Ce ne fut qu'à la tombée de la nuit que je commençais à apercevoir sur ma gauche les deux koubbas de Sidi Aoun et de Sidi Moussa.

Il était nuit quand je parvins à Nabeul : mon cheval et moi étions exténués.

Nabeul est un amas de constructions carrées à un étage ressemblant à des cubes de craie tassés les uns contre les autres, sans ordre et sans alignement. Les ruelles, selon l'usage mauresque, sont étroites, sales et inextricables. Sous un autre ciel, ce serait terne et misérable, ici, sous ce soleil qui colore tout, c'est gai, lumineux, séduisant. Les souks couverts en maçonnerie rappellent ceux que nous avons vus à Tunis, tant par leur disposition que par leur animation. On y remarque surtout un grand nombre de marchands de parfums.

Cette ville est un grand centre industriel dont les produits se vendent dans toute la Régence. On y compte plusieurs fabriques

importantes d'huiles, de couvertures, de
burnous et d'essences de roses.

Quant à la population qui ne comprend
pas moins de huit mille habitants, elle
offre un spectacle bien oriental et présente
le même bariolage étrange que celle de
Tunis.

VI

12 Septembre

Seize lieues au moins séparent Tunis de Mateur: ce trajet est fort long et fatigant. La route carrossable n'existe que jusqu'à la Manouba, c'est-à-dire sur un parcours de neuf kilomètres environ. Au départ de Tunis j'eus la bonne fortune de

pouvoir me joindre à une caravane nom-
breuse de mercantis qui se rendait au
marché de Mateur.

Vers quatre heures du soir, nous traversons la Manouba, charmante station où
sont groupées des quantités de villas
entourées de jardins plantés de citronniers,
d'orangers et de palmiers. On y remarque
la villa d'Hammouda-Pacha, transformée
maintenant en caserne pour un de nos
régiments de cavalerie légère, et la belle
propriété du Khaznadar qui renferme des
ruines intéressantes de Carthage. Nous
nous arrêtons quelques minutes près de la
koubba de Lella-Manouba.

Puis la route passe sous les arcades de
vingt-cinq à trente mètres de hauteur du
fameux aqueduc d'Adrien qui s'étendait
sur une longueur de quatre-vingt-dix
kilomètres de Zaghouan à Carthage. Un
nombre considérable d'arcades sont encore
debout, échappées par hasard au vanda-
lisme de tant de peuples qui se sont

succédés sur ce sol ou protégées par la
douceur du climat.

Bientôt le pays devient complètement
plat. J'étais loin de m'attendre à voir un
paysage aussi uniforme ; mon imagination
s'était figuré de vastes étendues de verdure avec de beaux arbres. Il nous fallut
passer à gué l'oued Medjerda, l'ancien
Bagradas. Cette rivière, la plus impor-
tante de la Tunisie, prend sa source en
Algérie et coule en Tunisie sur un parcours
de plus de trois cents kilomètres. La
vallée qu'elle arrose est d'une fertilité
remarquable. Sur beaucoup de points,
grâce aux barrages qui ont été faits, le sol
s'est changé en prairies où paissent des
troupeaux qui feront la fortune de nos
colons.

Quand on a franchi l'oued, on laisse à
droite le bordj Hammed el-Manoubi ; puis
la piste se dirige directement sur l'extrémité sud du djebel Chouat, en laissant à
gauche le bordj el Turkia et ensuite le

marabout de Sidi Hasseïn el Bekeïd. Plus loin au bas du djebel Sebguine le marabout de Sidi Athman commence à se perdre dans l'ombre. La nuit nous gagnait, et on ne voyait plus aucune apparence de piste : seuls, de loin en loin, les poteaux télégraphiques nous servaient de jalons. Il fallut bientôt marcher en file serrée : la route, nous dit-on, devient moins sûre. Des brigands ont arrêté, il y a quelques jours, des mercantis italiens qui se dirigeaient vers Mateur. Nous n'eûmes pas à faire usage de nos armes, car nous ne fîmes heureusement aucune mauvaise rencontre, si ce n'est quelques chacals effrayés qui s'enfuirent à notre approche, en jetant dans la nuit leurs glapissements lugubres.

À mesure qu'on se rapproche de Mateur, on croise des quantités d'Arabes et de troupeaux qui se rendent au marché hebdomadaire du samedi. Nous n'arrivons au terme de notre voyage qu'à neuf heures et demie.

Au lieu de nous reposer, nous errâmes

le reste de la soirée, à travers les rues
tortueuses et sombres de la ville. Le hasard
nous conduisit au fondouk principal qui
sert d'hôtel et d'écuries. Là, au milieu
d'une agglomération indescriptible d'arabas, de chameaux, de mules et d'ânes, des
groupes d'indigènes, accroupis sur des
nattes, sont en extase devant des « moukers » qui exécutent des danses fort originales, aux sons d'une musique orientale
tantôt assourdissante, tantôt d'une mono-
tonie étrange. Rien de plus curieux que
ce spectacle. Les danseuses s'avancent
tout d'abord par de petits pas lents vers les
musiciens qui les accompagnent avec la
cornemuse, le tam-tam et la calebasse
(sorte de pot en terre recouvert d'une peau
tendue par des cordes en zig-zag). Par
instants, quand la musique se tait, quelques spectateurs battent des mains pour
bien marquer la cadence. Puis le rythme
devient plus précipité, les pas sont alors
plus rapides, les membres se contorsion-

nent. les hanches se disloquent. le ventre

se tortille. tout le corps enfin prend des

poses lascives. A ce moment l'enthousiasme des spectateurs devient du délire.

Tel était l'aspect de ce caravansérail, où
j'eusse erré jusqu'au jour sans le sommeil
qui me talonnait et m'obligeait de rentrer
me coucher. J'avais un lit! un vrai lit!!
dans une auberge de cinquième ordre, il
est vrai, mais cependant la première de la
ville, attendu qu'elle est la seule.

Sur une colline à demi-escarpée, Mateur
(l'oppidum Materense des Romains), présente l'aspect de toutes les bourgades
arabes bâties en amphithéâtre. L'intérieur
de la petite ville n'offre qu'un dédale inex-
tricable de ruelles étroites; on ne voit
aucun monument intéressant. Cependant
çà et là se dressent quelques koubbas et
zaouiyas aux coupoles gracieuses.

Du haut de la ville, on voit les ruines
de son vieux mur d'enceinte et les nombreux jardins qui l'entourent. A ses pieds
coule l'oued Joumine qui se jette dans le
lac d'Achkel; au nord et à l'est s'étendent

des plaines, à l'ouest et au sud les derniers
contreforts des massifs montagneux des
Mogods.

Exceptionnellement le samedi, la cité
présente une animation extraordinaire.
C'est le lieu de rendez-vous des colons et
des indigènes de toute la région. Quel-
ques-uns même viennent de la Kroumyrie
et des frontières de l'Algérie. Le marché
aux bestiaux occupe, en dehors de la ville,
un grand espace où toute la matinée, une
foule d'acheteurs, de vendeurs, de pâtres
et de curieux s'agitent au milieu de plusieurs milliers de bêtes diverses.

On va de Mateur à Bizerte en cinq heures, il n'y a guère qu'une quarantaine de
kilomètres, mais l'absence de route rend
le trajet très pénible. La chaleur suffo-

cante de la journée (en moyenne 40 degrés) ne me permit de partir que vers cinq heures du soir. La piste encore brûlante court tout d'abord dans une vaste plaine assez aride, sans arbre, où l'on ne rencontre que de rares passants qui poussent devant eux des bandes de chameaux et de petits bourriquots pliant sous le poids des fardeaux. Ni hameaux, ni maisons, ni jardins, on longe pendant plusieurs kilomètres le lac d'Achkel, bordé de lauriers roses sauvages d'une hauteur prodigieuse et d'un effet ravissant. A gauche se baignant dans le lac, le djebel Achkel, célèbre par les buffles que l'on y trouvait en grande quantité, il y a quelques années, mais qui tendent à disparaître.

Vers huit heures et demie, je passe à gué l'oued Tindja qui sert d'écoulement au lac d'Achkel, et se jette dans le lac de Bizerte. Comme la nuit était déjà venue, ne pouvant plus m'orienter, je fus contraint de m'arrêter près des deux maisons

du bordj Faroua : n'osant frapper à leurs
portes, j'appelai de toutes mes forces.

Quelques minutes ne s'étaient pas écou-
lées, qu'un pâtre apparaissait devant moi

comme un fantôme. Je ne distinguais à la faible lueur des étoiles qu'une masse informe drapée de blanc. Lui faire comprendre mon désir fut chose peu facile; il n'entendait pas un seul mot de français. Je lui répétais plusieurs fois « Francis makache sabir nemchi Bizerte. »

— Français ne connait pas la route de Bizerte.

Peut-être bien arrivait-il à saisir que venant de Mateur, et pris par la nuit, je ne trouvais plus la piste : mais je ne pus lui faire comprendre que je désirais un refuge qu'après une longue mimique. Il me fit signe de monter sur mon cheval, et le prenant par la bride, il me conduisit sur une colline où était installé le campement d'une brigade d'ouvriers italiens embauchés pour les travaux du chemin de fer de Bizerte.

L'hospitalité m'y fut offerte par le contremaitre, chef des chantiers. Quoique fort simple, elle n'en fut pas moins cordiale. Il mit à ma disposition le peu de conserves qu'il possédait. Puis au milieu de tas de gens qui paraissaient inertes, il m'organisa près de lui, en guise de couchette, quelques couvertures étendues sur le sol. Enveloppés dans de longs manteaux, la tête enfouie sous le capuchon, le revolver ramené sur la poitrine et à portée de la main, nous nous endormîmes sous une haute tente, dont la toile détendue battait sourdement au souffle du vent.

Dès l'aube, c'est un bruit de ferrailles, de pelles et de pioches qui s'entrechoquent, de chevaux et de mules qu'on attelle, d'arabas qui s'ébranlent en grinçant horriblement. En un instant hommes et animaux s'éparpillent sur la plaine pour rejoindre les divers postes de chantiers. Les voilà tous au diable !

La dernière partie de mon étape fut marquée par un incident qui aurait pu avoir de fâcheuses conséquences. Après avoir franchi l'oued el Grab trop près de

l'endroit où il se jette dans le lac de Bizerte,
je tombais tout à coup dans une fondrière.
Je m'aperçus alors que j'aurais dû
appuyer davantage à gauche vers le bordj
Jaffeur, mais il était trop tard. Mon cheval enlisé jusqu'à mi-jambes s'effrayait et
ne pouvait plus ni avancer, ni reculer.
Pour le décharger je fus obligé de des-
cendre de selle et de m'embourber moi-
même. Après de longs et pénibles efforts,
nous pûmes nous tirer de ce marécage
dangereux d'où j'avais craint un moment
de ne pouvoir jamais sortir. Nous l'avions
échappé belle !

Un peu avant huit heures du matin,
j'arrivais devant Bizerte. Le soleil déjà
fort au-dessus de l'horizon éclairait si
brillamment la ville qu'elle me parut une
capitale auprès des petites bourgades que
j'ai traversées ces jours derniers.

VII

17 septembre.

Couchée au bord de la mer, Bizerte ou Benzerte est encore une ville qui date de l'occupation romaine. Elle se compose d'une forteresse, la kasbah, construite au nord et qui englobe une petite partie de la ville appelée Medina, d'un grand quartier arabe au nord-ouest, et d'une ville européenne à l'est. Celle-ci couvre à peu près la moitié moins d'espace que l'ancienne cité. Ses murailles construites par les Espagnols l'entourent sur trois côtes: elles sont percées de quatre grandes portes : Bab-Houmt-Andlès, au nord: Bab-Béja ou Bab-Houmt-el-Kaïd, à l'ouest: Bab-Mateur, au sud, et Bab-el-Tounis ou Bab-er-Roumel, à l'est. Ce mur d'enceinte élevé est flanqué de tours et de bastions avec créneaux et meurtrières, et il existe encore sur sa partie supérieure, un chemin de ronde assez large pour qu'on y puisse passer librement.

Les rues comme celles de toute ville arabe sont tortueuses, très étroites, sales et mal pavées. Outre la grande mosquée remarquable par l'élégance de son minaret, on trouve une église et une synagogue, il n'y a pas d'autres bâtiments publics. Des cafés maures très mal tenus où les flâneurs étendus sur des nattes passent la plus

grande partie du jour à fumer, psalmodier
et à rêver. De petites boutiques malpro-
pres creusées dans les murs des maisons

bordent le vieux quai. Quelques caravan-
sérails borgnes, mais une hôtellerie française, presque confortable, l'hôtel Mathis.

Les maisons n'ont qu'un étage et une
terrasse; les murs sont blanchis à la chaux
deux fois par an et les fenêtres treillissées
permettent aux femmes de voir ce qui se
se passe au dehors sans crainte d'être
vues.

La ville était autrefois divisée en trois
quartiers bien distincts par deux canaux
d'environ dix-huit mètres de large sur
deux mètres de profondeur qui mettaient
en communication le lac de Bizerte et la
mer. Aussi avait-on surnommé Bizerte la
Venise tunisienne. Aujourd'hui ces canaux
sont presque comblés : un seul tronçon à
l'entrée de la mer existe encore ayant à
sa gauche la kasbah, et à sa droite la
ksiba (petite kasbah), sorte de vieille forteresse. La ksiba porte aussi le nom de
Bordj Sidi Hanni, parce que ce marabout
y a été enterré. Enfin on l'appelle encore
Bordj es-sensela (bordj de la chaîne) parce
qu'une chaîne de fer de vingt mètres
tendue entre la kasbah et la ksiba, servait

autrefois à fermer le port. Ces vieilles fortifications ne sont plus entretenues depuis longtemps, et quelques coups de canons de notre artillerie moderne suffiraient à les faire crouler.

Sur la hauteur et dominant la ville, les baraquements du camp occupé par un bataillon du 4ᵉ zouaves et divers ouvrages de défense construits depuis peu par notre Génie militaire.

Ne croyez pas voir à Bizerte un véritable port, avec son animation, sa cohue de matelots de toutes nations, sa pépinière de navires : s'il a été jadis florissant, il a beaucoup perdu depuis quelques années de son mouvement commercial.

On ne voit dans toutes les rues que turbans et burnous, bien rares sont les casques de liège de nos colons ou de nos officiers. La population de la ville est estimée à six mille habitants, dont un millier d'Européens.

Dès mon arrivée, j'eus le bonheur d'être

présenté à des officiers français qui me
firent un accueil charmant que je n'ou-
blierai jamais. Qu'il me soit permis de
remercier ici M. Jules Brunet, adjoint du
génie, qui eut l'amabilité de me faire partager l'appartement qu'il occupait à la
ksiba, et M. le capitaine Lanchon du
4e zouaves, qui fut pour moi un guide si
précieux dans les diverses pérégrinations
que nous fîmes ensemble.

Bizerte occupe sur la côte méditerra-
néenne une position stratégique excep-
tionnelle, aussi le Gouvernement français
s'est-il préoccupé d'en faire un port de
guerre de premier ordre. Il s'agissait tout
d'abord de percer dans la partie du Lido
une langue de terre de 800 mètres environ
qui séparait la mer du lac de Bizerte où
se trouve la rade naturelle formée par la
baie de Sédra, puis de construire deux
jetées du côté de la mer, destinées à for-
mer un avant-port d'une centaine d'hectares.

Dès 1891, une société formée par
MM. Hersent et Couvreux fils, sous la
dénomination Compagnie du port de

Bizerte, obtint la concession de la construction du port, moyennant l'abandon
des pêcheries fort importantes du lac de

Bizerte rapportant, dit-on, 250.000 francs par an, et une subvention de cinq millions.

Aujourd'hui la grande jetée nord partant de la kasbah et le canal sont terminés. Six mois encore, et la seconde jetée de 1.000 mètres se dirigeant du sud au nord sera achevée.

En 1895 nos navires de guerre pourront venir évoluer dans le lac de Bizerte.

VIII

AIN FAOUAR — BÉCHATEUR

20 septembre.

A trois heures du matin, notre petite caravane se réunissait devant la kasbah de Bizerte. M. le capitaine Lanchon et un aimable colon français, M. Bergier, avaient bien voulu être des nôtres. Nous avions eu la sage précaution de faire, dès la veille, toutes nos provisions de nourriture, de fourrage et d'eau.

A peu de distance de la porte de Béja nous quittons la piste de Mateur et nous appuyons de suite à droite le long de la colline dominée par le fort d'Espagne. Après une suite de petites vallées enchevêtrées, n'ayant aucun caractère spécial, si ce n'est celui de se ressembler toutes, nous dominons Aïn (1) Menzel Zid, et à nos pieds s'étend un cirque immense, dans lequel se dessinent vaguement quelques koubbas. Çà et là de petites parcelles de terrain paraissent être soumises à la culture de malheureux indigènes qui peuplent des gourbis épars.

Pas un arbuste, pas une bruyère, nous marchons sur des rochers desséchés, sous un soleil de feu. Et cependant, voici des ruines qui témoignent qu'une population a vécu dans ces vallées. Des fragments de

(1) Source, fontaine

colonnes sont épars. Comment et par
quelles routes, ces blocs de pierres énor-
mes ont-ils pu être transportés sur ces
montagnes abandonnées.

A quelques pas de ces ruines, une
source d'eau limpide et fraîche sort des
roches luisantes. C'est la première de cette
importance depuis notre départ.

Avec quel plaisir nous mettons pied à
terre et nous organisons notre petit
bivouac. L'emplacement ne pouvait être
mieux choisi, nous allions pouvoir nous
livrer à de copieuses libations. L'eau de
la source est « bono bezzaf », nous disent
de petits pâtres accourus près de nous.

Nos chevaux débridés sont aussitôt
entravés. Étendus sur le sol rocailleux et
brûlant, à peine abrités par l'ombre timide
de quelques palmiers, nous fîmes honneur
aux provisions entassées dans les couffins
(sorte de paniers sans anse).

Pendant que mes compagnons prenaient
un peu de repos, j'allais visiter Béchateur

qui se trouve placé comme un nid d'aigle sur le djebel Mnara. Aucune route, aucune piste n'accède à cette petite bourgade. C'est au milieu de ronces et de brousses élevées que mon cheval cherche un passage.

Je fus reçu par quelques flâneurs qui épiaient mon arrivée. M'avaient-ils pris, par hasard, pour un voyageur de distinction, je l'ignore, mais ils me firent une cordiale réception. L'un deux voulait à toutes forces me faire présent de plusieurs pastèques, mais je dus remercier ce généreux indigène ne pouvant placer sur ma selle des fruits aussi encombrants.

Un vieillard aveugle (l'ophtalmie est fréquente) qui paraissait être le chef du nahiet (village), et devant lequel je fus conduit, me prit amicalement la main et la joignant près de la sienne, me dit spontanément et avec conviction :

— Francis Arabes kif kif.

(Français et Arabes sont comme deux doigts de la main).

Je fus vivement touché de cette marque
de sympathie qui me prouva une fois de
plus que les Français sont généralement
aimés des Tunisiens.

Béchateur a l'aspect misérable : ses habitations qu'on ne répare jamais, deviennent
masures. Les habitants vivent de pain, de
pastèques, de figues et d'huile.

Dans un bas-fond, encore des ruines
romaines importantes avec quelques inscriptions que je n'ai pu relever, des citernes anciennes et une source abondante.

IX

Menzel Abd-el-Rahmane — Menzel Djemil
L'Henchir del Azib

22 septembre.

Nous galopons sur un sentier sablonneux, bordé de jardins verdoyants,
et aux cactus épineux qui leur servent de
haies infranchissables, des lambeaux de
nos vêtements restent accrochés. Les col-

lines se boisent d'oliviers ; devant nous se
déroule la nappe éblouissante du lac de
Bizerte.

En une heure et demie nous arrivons à
Menzel Abd-er-Rahmane qui semble se
dérober au milieu de massifs épais de
cactus et d'orangers.

Rien de plus charmant que ce petit
hameau étalant ses maisons sur le bord
du lac bleu comme le ciel.

Là-haut sur la colline, c'est Menzel
Djemil qui se découpe sur un fond d'oliviers, dont les tons gris tendre s'harmo-
nisent avec l'éclatante blancheur des
habitations, des koubbas et des mara-
bouts. Nous y sommes favorablement
accueillis par un groupe d'indigènes qui
bientôt nous entourent. L'un deux s'ins-
talle sur mon cheval, au moment même
où je presse le ressort de mon « instan-
tané ».

Après une halte autour du bir (puits)
Sidi Abd-Allah, on chevauche au milieu
de chameaux qui paissent sur l'Henchir
Jeddara. Ces innombrables troupeaux
errent, selon la saison, entre le Sahara et
le Sahel. Les bergers, vêtus d'une simple
gandoura (sorte de chemise de laine), un
long fusil en bandoulière et la matraque
à la main font bonne garde, car il leur est
tenu compte par le propriétaire du nombre d'animaux volés. Peut-être serait-il
juste de dire que grâce aux mesures
énergiques prises depuis le protectorat,
les razzias pratiquées par les nomades
deviennent de plus en plus rares.

Nous traversons l'oued el Ella et la
grande route de Bizerte à Tunis, pour
arriver vers midi à l'Henchir bel Azid. De

nombreux Arabes fellahs (agriculteurs) étaient groupés devant la maison du garde-gérant. On attendait avec impatience mon compagnon de route, M. Bergier, principal locataire de cette immense propriété, qui devait ce jour-là sous-louer toutes les terres cultivables et ne conserver pour l'élève du bétail que les parties marécageuses s'étendant le long de l'oued el Ella.

M. Agnese, agent de la Société immobilière de Tunisie, et le cheikh de Menzel Djemil arrivent dans une calèche traînée par trois misérables chevaux. L'on se demande comment cette vieille patache a pu venir jusqu'ici, sans route, à travers les dunes et les plaines, c'est une énigme.

Paraît enfin le personnage le plus curieux de l'assemblée, le kadi (notaire arabe) monté sur un bourriquot de si petite taille que ses jambes ballantes rasent le sol.

La location des terrains se fait généra-

lement par méchia (étendue de 10 hectares) avec deux modes principaux de
paiement : si le fermier a ses bestiaux et
son matériel, il paie au propriétaire par
mensualités, et garde pour lui toutes les
récoltes; si au contraire, il n'a ni bestiaux,
ni matériel, il abandonne les deux tiers
de ses récoltes au propriétaire qui lui
prête les animaux et les instruments ara-
toires pour son exploitation.

Malheureusement le fermier ne cultive
pas avec soin et ne demande pas au sol
tout ce qu'il pourrait donner. Par suite
du système d'impôts défectueux qui frappe
exclusivement les produits de la terre, il
ne cultive que ce qui est indispensable à
sa consommation et laisse stériles et im-
productifs de vastes espaces. Il est bien
à souhaiter que l'on fasse à ce point de
vue quelques réformes.

Je ne puis donner que peu de renseignements sur l'Henchir bel Azid. Com-
portant une étendue de plusieurs milliers

d'hectares, cette propriété n'a pas encore
été mise en exploitation régulière. Tout y
est à l'état embryonnaire. Les pâturages
paraissent assez maigres et de véritables
dunes de sable s'étendent sur toute la
partie située à l'est. Il est vrai de dire
qu'on ne doit pas trop s'étonner de cette
stérilité apparente, car nous sommes dans
la plus mauvaise saison. On m'assure que
pendant la saison des pluies, tout le sol se
recouvre de verdure et d'herbes grasses
qui forment de magnifiques pâturages.

X

25 septembre.

En sortant de Bizerte, on côtoie de magnifiques jardins qui sont la richesse
de la ville, puis de petits bois d'oliviers
qui paraissent très anciens et en assez
mauvais état. Un grand nombre ont plu-

sieurs siècles d'existence et remontent, au
dire de certains auteurs, à l'époque
romaine. Beaucoup ayant des troncs évi-
dés ou pourris meurent sur place et les
Arabes trop indolents et négligents ne
songent pas à les remplacer. Il serait juste
de dire qu'ils sont en cela un peu excusa-
bles, deux causes principales retardant le
développement de la culture de l'olivier :
le rapport tardif, ces arbres ne produisant
que dix ans après la plantation, et
l'Achour-Zittoun, impôt prélevé sur la
récolte. La perception de cette dîme vexa-
toire a lieu en nature à raison de 11 %,
plus 1 % pour les frais divers, par les soins
d'un fermier adjudicataire, sous le contrôle
de la Galeba, sorte d'administration spé-
ciale, préposée à la surveillance des oliviers).

Pendant une heure, on voit à gauche,
toujours sous le même aspect, de rares
carrés de terrains cultivés qui se perdent
dans la plaine bordée par le lac de Bizerte.

et à droite quelques vignes se dessinant sur les coteaux.

Quand on a traversé l'Henchir el-Merazig, on oblique de suite à droite vers le bordj Zargoum. Le terrain devient accidenté et pauvre : quelques jujubiers et caroubiers poussent çà et là parmi les ronces.

On fait une courte pose à la koubba de Sidi Salah bou-Chaala, pour laisser reposer nos braves chevaux arabes qui ne connaissent d'autre allure que celle du galop.

Nous voici à Sidi Bouhadieb, à quatre lieues environ de Bizerte. Sur une petite éminence s'élève la maison d'habitation de M. Lefèvre, colon français ; c'est une sorte de fortin avec des murs crénelés et percés de meurtrières. Cette architecture moyenageuse qui semble bizarre au premier abord est une précaution prise par beaucoup de colons pour se défendre, en cas d'insurrection, contre toute attaque subite des Arabes.

M. Lefèvre était absent, et je crois même
en France, mais nous fûmes reçus par
Madame Lefèvre et ses fils qui nous firent
les honneurs de la ferme et nous invitèrent
aimablement à déjeuner. Nous parcourons
à cheval leur belle propriété, dont la
superficie est de deux mille hectares. On y
cultive le blé, le maïs, l'orge et autres
céréales. Nous remarquons sur divers
points de beaux plants de vignes âgés de
deux ans. Mais ce qui fait surtout la
richesse et la beauté de cette ferme, ce sont
ses immenses pâturages où paissent librement plus de huit cents têtes de bétail.

En revenant vers le point de départ de
notre visite, nous admirons l'aménagement
de larges hangars destinés à abriter les
chevaux et les bestiaux malades, et près
de là un grand abreuvoir en maçonnerie,
alimenté constamment au moyen d'un
manège. On a réellement plaisir à voir
couler à flots cette eau limpide si rare dans
ces pays d'Afrique.

MM. Lefèvre ont rencontré là les mêmes difficultés que la plupart des colons ont trouvé ailleurs, mais ils sont arrivés en peu de temps, à force de travail et de sacrifices, à obtenir des résultats. Cet exemple, entre beaucoup d'autres, il me semble, suffit à démontrer l'erreur de ceux qui prétendent que nos agriculteurs tunisiens ne savent pas tirer parti des terrains qu'ils ont acquis.

Vers deux heures de l'après-midi, nous quittons nos aimables hôtes pour nous rendre directement à l'Henchir Mamoud Otchouck.

Bientôt la vallée se resserre, on suit pendant un instant l'oued el Grah, entre deux murailles de rochers dégageant une chaleur suffocante. Le paysage a complètement changé d'aspect. Les champs cultivés et fertiles que nous parcourions à Sidi Bouhadieb ont fait place à des plaines arides et abandonnées où il n'y a plus un seul arbre.

Après une heure de marche, nous arrivons à l'Henchir Mamoud Otchouck, où gisent des ruines sans importance indiquant l'emplacement d'un ancien établissement romain. On pousse les chevaux vers ces ruines, mais subitement ils se dérobent et s'élancent au galop dans une direction opposée. Les diriger serait impossible. Mieux servis que nous par leur instinct, ils ont senti le voisinage d'une source.

Nous passons plusieurs heures à faire des fouilles. Le capitaine Lanchon avait eu la précaution de charger de pelles et de pioches la monture de son ordonnance, mais notre outillage et nos bras étaient insuffisants pour arriver à un résultat. Cependant nous mimes à découvert un bloc de pierre mesurant 0,45 cent. de largeur sur 0,80 cent. de hauteur, sur lequel on voyait des lettres à demi-effacées. J'en pris le croquis et le livre à plus savant que moi en épigraphie.

Nous ne fûmes de retour à Bizerte que
fort tard dans la soirée.

XI

DE BIZERTE A TUNIS — UTIQUE — RHAR EL MELAH
OU PORTO FARINAH

28 septembre.

VINGT-NEUF septembre, c'est la dernière date que j'inscris sur mon journal de voyage, et je le fais avec quelque regret, car j'adore cette vie d'Afrique, cette existence mouvementée tantôt à travers d'immenses plaines désertes et incultes. tantôt à travers de riches vallées.

Au sortir de Bizerte. la grande route est bordée à gauche par la ligne bleue de la Méditerranée et à droite par quelques oliviers et de beaux jardins entourés de gigantesques cactus dressant vers le ciel leurs feuilles toujours vertes. Ces jardins doivent leur prodigieuses fertilité à l'arrosage qui se fait au moyen d'une noria tirée par un bœuf ou par un bourriquot. La noria remonte. dit-on. aux Carthaginois. et consistent en un récipient en cuir pouvant contenir une trentaine de litres : ses extrémités ouvertes sont attachées à des cordes d'inégale longueur qui passent sur une poulie fixée au-dessus du puits. Ce système quoique primitif est assez ingénieux.

Vers quatre heures de l'après-midi. halte à la fontaine Aïn Bittar ombragée de palmiers : une inscription y rappelle le passage des troupes françaises en 1881.

De Menzel Djémil, la route traverse

l'immense plaine où se trouvent les Henchirs Jeddara, Hariza et bel Azid, puis elle serpente sur les flancs du djebel Kehabta et franchit successivement deux cols.

Comme j'arrivais au puits bir Talla, mon cheval s'arrêta subitement, comme s'il eût pressenti un danger. Du douar (village de tentes) Laja descendait vers la grande route, une troupe de gens à pied et à cheval. Par moments, ils tiraient des coups de fusil et poussaient de véritables cris sauvages. Je m'étonnai de ce manège qui me fit croire que j'étais en face de pillards et j'allai presser les flancs de mon cheval et partir au galop, quand je pus distinguer au milieu des cavaliers six indigènes de haute taille portant un cada-vre recouvert d'une longue pièce de laine blanche. C'était un enterrement arabe. Après avoir salué ce cortège funèbre, je repris ma marche.

La route franchit l'oued Khradem et parcourt la plaine de Gournata pendant

10 kilomètres. A citer les Henchirs Gournata, Lahouid et Emkada.

Arrivé à la baraque en bois qui sert de relais à la diligence de Bizerte à Tunis, il était nuit close. Le relayeur ne pouvant hospitaliser les voyageurs, il faut bon gré mal gré se résoudre une fois de plus à loger à la belle étoile.

Au petit jour, je suis réveillé par les hennissements de mon cheval impatient de se remettre en route.

A quelques pas du relais, débouche sur la grande route la piste qui me conduit à bou Chateur où s'élève un misérable douar. Je me dirigeai directement vers la grande ferme construite sur l'emplacement de l'ancienne Utique où je reçus du gérant le meilleur accueil qu'on puisse imaginer.

On me montre près de la maison où je suis installé, le cirque ou plutôt son emplacement. Il ne reste rien des gradins qui ont dû être enlevés pour la construction des bâtiments agricoles et des ha-

meaux voisins. Près de là, les ruines de
l'aqueduc qui conduisait à Utique les
sources du djebel Kehabta. Les vastes
citernes encore en bon état ont été trans-
formées en écuries pour les chevaux et le
bétail.

Continuant l'exploration, on arrive sur
le plateau où était située la ville. De toute
la célèbre cité d'Utique, on peut dire qu'il
ne reste rien. Le sol, théâtre de tant de
luttes, est jonché de tronçons de colonnes,
de stèles, de chapiteaux et de corniches
émergeant des asphodèles et des lichens.
Quelques bergers habitent seuls au milieu
de ces ruines.

Comment exprimer toutes les impressions ressenties en face d'une telle désolation. Jules Lemaître a bien raison de dire
dans ses Contemporains : « Combien
d'hommes ont eu des impressions rares et
des visions originales, dont nous ne sau-
rons jamais rien, parce qu'ils étaient
impuissants à les traduire par des mots ! »

Si Utique n'a plus ses temples, ses palais, son port de guerre, son cirque et ses théâtres, son aqueduc gigantesque et ses vastes citernes, elle possède encore le souvenir du vertueux Caton, de cet illustre républicain qui préféra se donner la mort plutôt que d'ouvrir les portes de la ville et de devenir le prisonnier de César vainqueur de Thapsus.

Non loin d'Utique l'oued Medjerda contourne la base Est des derniers contreforts du djebel Menzel Roul, sur lesquels s'étendent trois cents hectares de vignes, puis zigzague dans la plaine de Gournata couverte de pâturages, et va se jeter dans la mer au-dessous de Porto Farinah.

Rhar el Melah ou Porto Farinah (l'ancienne Ruscimone) est une petite ville de 1200 habitants, coquettement assise aux bords de la Méditerranée, au fond d'une anse presque comblée aujourd'hui. Si elle fut autrefois un repaire célèbre des pirates de la côte barbaresque, elle n'offre plus aucun intérêt. Ses environs, couverts d'oliviers et de jardins, sont charmants.

Je passai trois jours à parcourir rapidement cette région; après quoi je repris la route de Tunis en compagnie d'un jeune « arbi » qui me servit d'escorte.

D'Utique un chemin nous conduit en moins d'une heure au pont romain de 90 mètres de longueur qui franchit l'oued Medjerda.

Arrêtons-nous un instant au fondouk el Kantara que l'on trouve à la sortie du pont. On y remarque une boutique curieuse, la seule à dix lieues à la ronde. On y vend de tout, du tabac, de l'épicerie, de la quincaillerie, des chéchias, des burnous, des babouches; c'est un véritable petit bazar.

Continuant notre route, nous remarquons à gauche le bordj Dellaïa, l'Henchir Saad Guenouri, les bordjs Youssef et ben Abdalla; à droite la propriété de Sid Thabet, de six mille hectares, appartenant à la Société franco-africaine et comprenant une cinquantaine d'hectares de vignes, de belles cultures et un haras.

Après avoir traversé dans toute sa largeur la fertile plaine arrosée par la Medjerda, on passe le col formé par le djebel Ahmar et le djebel Naali. On est au milieu d'un vaste bois d'oliviers, où les voyageurs sont fréquemment attaqués. Aussi depuis quelque temps le Gouvernement, désireux d'assurer la sécurité des voyageurs isolés et des caravanes, a-t-il placé quelques-gardes dans ces parages dangereux. A la fontaine de la Sebala, deux soldats tunisiens se détachent du corps de garde installé sous une petite galerie à arcades et nous imposent leur escorte.

A la tombée de la nuit nous étions à Tunis

Beaucoup d'écrivains et de voyageurs ont versé des flots d'encre un peu trop noire, à mon avis, sur la Tunisie. Je crois

qu'ils ont été par trop pessimistes. N'ont-
ils donc rien ressenti à l'aspect de ces
contrées ensoleillées. — N'ont-ils éprouvé
aucun enthousiasme devant ces plaines
immenses qui ne demandent qu'une nouvelle fécondation. Les statistiques ne con-
firment-elles pas déjà un mouvement
ascensionnel très sensible du commerce et
de l'agriculture.

N'en doutez pas, la Tunisie redeviendra
un jour prospère comme au temps des
Romains. Après avoir été le grenier de
Rome, elle sera au vingtième siècle, l'un
des greniers de la France.

On dit souvent que ce pays beylical sera
comme nos autres colonies, une colonie de
fonctionnaires. Son rattachement au Mi-
nistère des Affaires étrangères m'est une
garantie du contraire, et ce que j'ai vu me
confirme encore dans cette opinion.

Sous la tutelle française depuis 1881,
grâce à l'impulsion et à la sage administration de notre premier résident général.

M. Cambon, et aux courageux efforts de MM. Bompard, Massicault, ses successeurs, cette contrée s'est déjà transformée en quelques années.

Le commerce a pris une réelle extension en peu de temps. Les colons français viennent en nombre se livrer avec succès à la culture des blés, de l'orge et de la vigne. L'élève des bestiaux augmente chaque jour. Les terrains de Tunis et de Bizerte ont déjà centuplé de valeur.

Des routes s'ouvrent sur divers points; des lignes de chemins de fer ne tarderont pas à relier entre elles les principales villes de la Régence et à faire pénétrer à l'intérieur les bienfaits de l'influence française. Déjà la vapeur a fait son apparition : une voie ferrée, concédée à la Compagnie Bône Guelma, avec la garantie du Gouvernement français, relie notre frontière algérienne à Tunis, en suivant la magnifique vallée de la Medjerda; une autre voie d'intérêt local, concédée à la Compagnie

italienne Rubattino, relie Tunis à la Goulette, à la Marsa et au Bardo. Enfin une
petite voie Decauville, datant de l'expédi-
tion de 1881, sert de trait d'union entre
Sousse et Kairouan.

On travaille activement à la construction
de nouvelles voies, l'une qui ira de Bizerte
à Tunis par Mateur, en se soudant, à
Djedeida, à la ligne qui existe déjà de
Tunis à Soukaras, l'autre qui joindra
Tunis à Sousse avec embranchement sur
Menzel-bou-Zalfa, Hammamet et Nabeul,
enfin la troisième de Tunis à Zaghouan.

Avec un pareil réseau de voies ferrées,
la Tunisie perdra peut-être un peu de son
originalité, de son caractère oriental, de
sa vie mystérieuse, mais en revanche les
richesses de ses régions les plus fertiles
pourront être exploitées avec succès.

On peut donc présager d'un bel avenir
pour notre colonie.

Si je n'ai pas fait une plus longue étude
de l'histoire, de la religion et des mœurs

de la Régence, c'est que des plumes plus autorisées ont déjà traité ces matières. En publiant ces quelques souvenirs, j'ai voulu simplement rassembler et condenser les impressions d'un voyageur sans prétention.

TABLE

DES CHAPITRES

TABLE DES CHAPITRES

TABLE

DES ILLUSTRATIONS

TABLE des ILLUSTRATIONS

Grenoble, imprimerie Joseph Baratier.